Aus Niederbronns alten Zeiten.

Seine Vorgeschichte,
seine römischen Bäder und deren Entdeckung
im Jahre 1593.

Von

CH. MATTHIS

Niederbronn.

Illustriert von LEO SCHNUG.

STRASSBURG

J. NOIRIEL'S BUCHHANDLUNG.

F. STAAT NACHFOLGER.

1901.

Aus Niederbronns

alten Zeiten.

AVS NIEDERBRONNS ALTEN ZEITEN

SEINE VORGESCHICHTE
SEINE RÖMISCHEN BÄDER
VND DEREN ENTDECKVNG
i. JAHRE 15 93.
VON CH. MATTHIS.

Vorwort.

Auf Ersuchen vieler Freunde habe ich mich entschlossen, die vorliegende kleine Schrift zur Geschichte des alten Niederbronn herauszugeben, um damit einem schon lang empfundenen Mangel abzuhelfen und darzuthun, wie die Brunnen Niederbronns von der ältesten Zeit an bekannt gewesen und ihrer Heilkraft wegen besucht worden sind.

Mein Zweck ist, den freundlichen Besucher Niederbronns durch die dunkeln Zeiten der vorgeschichtlichen Perioden, durch die Epochen der Römerherrschaft und durch die der Völkerwanderung bis in jene Zeiten zu führen, wo im Mittelalter geschriebene Urkunden uns von Niederbronn berichten und wo alte Chroniken die Heilkraft der Niederbronner Bäder preisen.

Niederbronn i. E., 1901.

Ch. Matthis

Inhaltsverzeichniss.

I.

Niederbronn in vorrömischer Zeit.

Niederbronn und dessen Umgegend müssen schon in undenklich früher Zeit besiedelt gewesen sein.

Das beweisen die aus vorrömischer Zeit hier und in Oberbronn aufgefundenen Steinbeile, Steinhämmer, Silex-Pfeilspitzen und Messer aus Feuerstein, welche nahe legen, dass hier Menschen der *Steinzeit* jagten, wohnten und vielleicht bereits auch unsere Bäder genossen.

Auf den Menschen der *Bronzezeit* verweist ein hier gefundenes Bronzebeil (Leistencelt) im Niederbronner Museum.

Den *Kelten* gehören nach der allgemeinen Ansicht der Fachleute die prähistorischen Befestigungen an, welche in der Umgegend von Niederbronn vorkommen, vornehmlich das keltische Lager auf dem Ziegenberge, dessen Gipfel von einem runden Wall aufeinandergehäufter Felsblöcke befestigt ist. Der Volksmund sucht dort oben ein altes heidnisches Heiligtum, und noch heute sagt man : « Geh nuff uff d'Zeckeburi, d'Heide bate lehre ! » [1]

Auf der Wasenburg dürfte wohl ebenfalls schon dem dort in römischer Zeit dem gallisch-römischen Gotte Mercur geweihten Tempel ein keltisches Heiligtum vorangegangen sein [2]. Aus Niederbronn selbst besitzen wir

[1] Anmerkung. — Geh' hinauf auf die Ziegenburg, die Heiden beten lehren.

[2] Anmerkung. — Näheres über die Geschichte der Wasenburg wird der Leser in einer Schrift finden, welche der Verfasser dieser Arbeit in Vorbereitung hat.

ebenfalls bereits mehrere Reste keltischer Hinterlassen-
schaft. Dahin gehören, nach gefl. Mitteilung von Herrn
Dr. R. Forrer, ein eisernes Beil der sogenannten Tène-
zeit (im Museum von Niederbronn), das Ende eines
verzierten Glasarmbandes (ebendort), rohe Scherben
von sehr grossen Gefässen aus gallischer oder gallo-
römischer Zeit (Sammlung Matthis) und eine gegossene
Potinmünze mit rohem Kopf einerseits, gallischem Eber
anderseits, welche nach dem oben genannten Fachmanne
den Leukern zugewiesen wird (Museum Niederbronn). Der
eben erwähnte keltische Volksstamm der Leuker sass
damals nebst den Sequanern und Raurakern im Ober-
Elsass, indessen im Unter-Elsass die Mediomatriker
wohnten.

Auf dem bei Oberbronn gelegenen Sonnenberg wurde
von Dr. SCHNŒRINGER ein aus Vogesensandstein roh-
gearbeitetes Bild des Sonnengottes gefunden, das sich in
der Sammlung Dollfus in Dornach befindet und vermuten
lässt, dass schon in vorrömischer Zeit hier oben dem
Sonnengotte geopfert wurde [1].

Es ist bekannt, dass die keltischen Stämme durch ihr
kriegerisches Wesen und ihren Parteigeist immer unter
sich uneinig waren. Diese Zerwürfnisse sollten für Galliens
Freiheit verhängnisvoll werden, indem das sich immer
mehr ausdehnende Rom lange schon eine Veranlassung
suchte, um sich mit Macht in die Angelegenheiten der
übermütigen und unruhigen Nachbarn zu mischen.
Anlass dazu boten germanische Einwanderer, welche in
den letzten vorchristlichen Jahrhunderten das Elsass zu
überfluten begonnen hatten. Schon seit dem II. Jahrhundert vor Christus siedelten sich im Unter-Elsass
Tribokker und Nemeter, germanische Völkerschaften, an.

[1] Anmerkung. — Vgl. Beaulieu, «Antiquités des eaux
minérales de Vichy, Plombières, Bains et Niederbronn.» —
Paris 1851, pl. 11, fig. 3.

Sie vermischten sich mit der alten Bevölkerung und zogen, da es ihnen hier wohlgefiel, immer weitere Stammesgenossen hierher. Die Sequaner, ein keltischer Stamm, der das Ober-Elsass und einen Teil des Unter-Elsasses bewohnte, riefen, um einen alten Streit mit dem starken Nachbarstamme, den Häduern, ausfechten zu können, den Suevenkönig Ariovist, der jenseits des Rheins wohnte, zur Hilfe herbei. Dieser herrschsüchtige und ländergierige Germane folgte zwar dem Ruf der Sequaner und blieb auch in mehreren Schlachten Sieger über die Häduer; aber statt abzuziehen, hielt er das Land der Sequaner besetzt und verlangte dieses als Lohn für seine Hilfeleistung.

Den Leuten Ariovists folgten die Stammesbrüder der Sueven, die Nemeter, die Vangionen und die Haruler, so dass Ariovist bald mehr als 120 000 Krieger unter sich hatte. Überall trat er als unumschränkter Herrscher auf und stand im Begriffe, sich ganz Gallien zu unterwerfen.

So sahen sich die in der Not wieder befreundeten keltischen Stämme bald wegen einer weiteren Länderforderung von Seiten des Ariovist der Frage gegenüber, entweder sich zu unterwerfen, oder ihr eigenes Land zu verlassen. In dieser gemeinsamen Not wandten sie sich nach Rom um Hilfe, wo man bereits mit Missbehagen, wenn nicht Schrecken, der Machtentwickelung Ariovists entgegensah.

Der Senat sandte nun den aus Spanien zurückgekehrten Proconsul Julius Cäsar, der kurz vorher die Helvetier und Rauraker bei Autun besiegt hatte, zu den Sequanern. Mit seinen unüberwindlichen Legionen bot der Römer dem Ariovist Halt und stellte Bedingungen, welche das eroberte Land zwar als Besitz Ariovists anerkennen, Ariovist aber unter Roms Oberhoheit bringen sollten. Der Suevenkönig, auf seine Macht sich stützend, zog die Verhandlungen in die Länge, um schliesslich

Cäsars Vorschläge zu verwerfen. Dieser hatte in kühnen Eilmärschen seine Truppen aus Gallien zusammengezogen. Im Elsass kam es zum Kampfe.

Zwischen der Scheer und der Andlau liegen am Fusse des Ungersberges die reichen und jetzt noch teilweise mit Mauern trotzenden Städtchen Epfig, Dambach, Nothhalten und Stotzheim. Hier in diesem Gefilde ertönte vor mehr als 1900 Jahren der Schlachtruf der Germanen, denen der kühne Cäsar das langsam eroberte Elsass entreissen wollte.[1] Ariovist, seit 14 Jahren König und Herrscher dies- und jenseits des Rheines, sollte seinen Meister finden; trotz seiner heldenmütigen Tapferkeit unterlag er. Furchtbar erbittert schlugen sich die Feinde. Cäsar und seine Legionen siegten. Über 80 000 Germanen bedeckten das Schlachtfeld. Nur wenige entkamen, unter ihnen der früher so stolze Ariovist.

Mit dem Tage dieser Schlacht hatte die Keltenherrschaft ihr Ende und begann im Elsass die fast 400 Jahre dauernde *römische* Herrschaft.

[1] Anmerkung. — Nicht verschweigen darf ich allerdings, dass man sich vielfach über die Örtlichkeit des Schlachtfeldes noch streitet.

Uber die Schlacht und das Schlachtfeld vergleiche man die interessante Schrift eines Niederbronners: «La Campagne de César contre Ariviste en Alsace, par L. G. GLŒCKLER, curé à Stotzheim.» Rixheim 1897-99.

II.

Die Römer im Elsass.

Von Sieg zu Sieg eilend unterwarf Cäsar nun das linke Rheinufer. Acht Jahre nachher hatte der grosse Feldherr, trotz der heldenmütigen Verteidigung der Gallier unter Vercingetorix in Alesia; ihr ganzes Land vom Rhein bis an den Atlantischen Ozean unter Roms Herrschaft gebracht.

Kaum hatte Cäsar diese Thaten vollendet, so wurde er im Jahre 44 v. Chr. im Senat als Tyrann erdolcht.

Es entstand nun ein furchtbarer, langjähriger Bürgerkrieg, in welchem Republik und Freiheit untergingen. Octavianus, Cäsars Neffe, siegte gegen Antonius und Lepidus, mit welchen er das Triumvirat geteilt hatte. Der Senat, dem Octavian vertrauend, verlieh diesem den Titel Augustus, d. h. der Hehre, gab ihm unumschränkte Macht und das Recht, Münzen mit seinem Bildnis zu prägen.

Durch Augustus wurde das römische Reich wesentlich umgestaltet. Die 60 Völkerschaften Galliens und des

Elsass wurden in vier Provinzen eingeteilt und unter militärische Herrschaft gestellt.

Von Lyon aus, der Hauptstadt Galliens, verzweigten sich grosse Heerstrassen in alle Teile des Reichs; sie erleichterten die Verbreitung römischer Gewalt, Macht und nicht zum geringsten auch römischer Ware durch die Legionäre, Beamten und Kaufleute. Römischer Geist und Gesetze, Sitten, Kultur und Religion verdrängten rasch die keltischen Überlieferungen.

Um Galliens Grenzen am Rhein zu schützen, wurden acht Legionen längs des Flusses in Castelle, Lager und feste, zum Teil schon in vorrömischer Zeit bewohnte Punkte verlegt, von denen manche rasch zu bedeutenden Städten heranwuchen.

So entstanden beispielsweise:

AVGVSTA RAVRACORVM (Kaiser Augst), ·
CAMBETE (Kembs),
ARGENTOVARIA (Horburg),
HELLELVM (Ehl bei Benfeld),
ARGENTORATVM (Strassburg),
TABERNAE (Zabern),
BROCOMAGVS (Brumath),
SALETIO (Selz) u. s. w.

Zahlreiche Heerstrassen durchzogen das Elsass und
verbanden Gallien mit Germanien. Unendlich viele andere
Strassen und Wege zweigten nach allen Richtungen ab.

Auf dem Kamme der Vogesen, an Strassen und
durchgehenden Thälern wurden ebenfalls feste Castelle
und Wehrtürme erbaut und mit Wächtern besetzt, welche
in Kriegszeiten die Gefahr durch Feuersignale der Bevölkerung der Ebene ankündigten.

Solch ein römischer Wacht- und Signalturm befand
sich in Niederbronns nächster Nähe, auf dem weithin
sichtbaren, steil aufragenden Felsen der Wasenburg,
wo zahlreiche römische Inschriften, darunter eine der
VIII. Legion, gefunden worden und auf dessen Höhe
noch die Pfostenlöcher der Specula sichtbar sind.

Bald aber hörte das Elsass auf, Grenzland zu sein.
Der Reichtum und Wohlstand Galliens reizten nach wie
vor die armen östlichen Nachbarvölker, die gleich ihren
Vorgängern sich nicht selten Übergriffe auf das linke
Rheinufer erlaubten.

Die Consuln Numatius Blancus und Drusus erbauten
deshalb Brücken, überschritten den Rhein, schlugen die
Völkerschaften teilweise in ihre dichten Waldungen
zurück, teils verpflanzten sie viele Tausende in die inneren
Provinzen Galliens.

Das von den Markomanen, einem verdrängten germanischen Stamme, verlassene Land wurde unter keltische Bewohner und ausgediente Legionäre verteilt. Die
neuen Einwohner bezahlten dem Staate den zehnten
Teil des Ertrags. Das Land erhielt davon den Namen
Decumatenland, unter welchem Namen es bis heute
bekannt ist.

Zur Verteidigung der durch diese Erfolge erweiterten
Reichsgrenzen liess Drusus einen grossen Grenzwall auf-
werfen, der auf strategisch gelegenen Punkten mit Wehr-
türmen und Castellen stark befestigt war und durch

12 Cohorten verteidigt wurde. Dieser Grenzwall, welcher jene Gebiete schützte, ist der Limes, an dessen Aufdeckung heute so eifrig gearbeitet wird.

Unter Kaiser Domitian wurde er im Jahr 90 n. Chr. fertig. Diese beinahe tausend Meilen lange Festung sicherte auf Jahre den ruhigen Besitz der alten Provinzen, was auch unserm Lande zugute kam.

Ackerbau und Handel blühten auf. Längs des Rheines erhoben sich über 50 Städte.

Die Schiffahrt brachte Waren zum Umtausch. Gut gebaute und vorzüglich erhaltene Strassen erleichterten den inneren Verkehr.

Mit dem Wohlstand kehrte auch im Elsass die überfeinerte römische Cultur ein, jener Genuss des Lebens, wie ihn die Römer gewohnt waren, den sie aber bisher hier so lange hatten entbehren müssen. Zu diesen Genüssen gehörten in erster Linie die *Bäder*. War doch bei den Griechen wie bei den Römern das Bad ein allgemeines Bedürfnis und sogar religiöse Pflicht. In der Zeit der Weltherrschaft Roms zählte man im Reiche über 800 Badeanstalten. Selbst in den entferntesten Ländern, wohin die Römer ihre siegreichen Adler trugen, wo sie sich ansiedelten, war ihre erste Sorge auf gutes Wasser und Erbauung von Bädern gerichtet. Letztere waren damals eine besondere Notwendigkeit für die Reinlichkeit des Körpers, weil die Römer bekanntlich keine Leibwäsche trugen.

Besonderer Beliebtheit erfreuten sich die warmen Bäder, wie solche schon seit den ältesten Zeiten in Italien und Gallien bekannt und beliebt waren. Wo immer nur warme Quellen zu entdecken waren, wurden dieselben mit grossen Kosten als Bäder eingerichtet.

Auf ähnliche Weise ist auch das Bad *Niederbronn* entstanden, wenn auch nicht gleich schon im ersten Jahrhundert der römischen Herrschaft, so doch sicher in

der ersten Hälfte des zweiten nachchristlichen Jahrhunderts, also etwa zur selben Zeit wie die Bäder in Aachen,
Baden-Baden, Badenweiler u. s. w , sowie in Gallien
jene von Plombières, Vichy u. s. w.

III.

Das römische Niederbronn.

An der Ostmark des römischen Galliens, am Engpass
nach Bitsch, beherrscht durch den mit Castell und Tempel
gekrönten Wasenberg, liegt kaum 4 Stunden nördlich von
Brumath die Badestadt Niederbronn.

Die damals nach Niederbronn führende römische
Hauptstrasse lief ungefähr an der Stelle der jetzigen
Bahnlinie von Merzweiler-Niederbronn, war also im Ge-
gensatz zu heute am jenseitigen Ufer des Wassers. Noch
heute heisst sie das «Strässel», auch «Hochweg» und «Alt-
weg». Sie kam direkt aus *Brumath* (BROCOMAGVS) und
ging über *Neuenburg* (NOVVM CASTRVM), wo man sehr
viele römische Altertümer aufgefunden hat, nach *Merzweiler*. In letzterem Orte wurde nebst römischen Münzen,
Thongefässen, Ziegeln und bemaltem Stuck eine sehr
interessante römische Inschrift aufgedeckt, derzufolge
dort von Sennaus, dem Sohne des Livius und der Vira-
cella Ratulla, Tochter des Lutevus, dem Gotte Mercur zu
Ehren im Jahre 142 n. Chr. unter dem Consulat von
Rufinus und Quadratus ein Tempel errichtet worden war
(Cabinet Dollfus-Dornach).

Von Merzweiler aus ging die Strasse bei Gundershofen über die *Haard*. Auf dieser Sandebene fand man viele Überreste von römischen Bauten, sowie in einer Tiefe von 1 m Reste eines zerfallenen Tempels, dessen Grundfläche 6 m im Quadrat hatte. Das Innere war mit Flachziegeln bedeckt, unter welchen schöne Kapitäle und acht Inschriftsplatten, alle dem Gotte Mercur geweiht, verschüttet lagen. Diese Tafeln, sämtlich dem Mercur geweiht, zeigen den Gott bald mit dem Beutel in der Hand und einem Hahn zu seinen Füssen, bald im linken Arm ein Kind, welches einen Fisch hält, bald mit einem Hahn und einer Schildkröte, sowie der Inschrift:

IMP ANTONIN III
ET GETA II COS
Vom Jahre 208 n. Chr.

(Sämtliche Platten sind im Besitze des Cabinets Dollfus-Dornach).

An derselben Stelle fand man ferner über hundert schöne römische Münzen.

Von der Haard ab verlief die Strasse gegen *Reichshofen*, welches zu damaliger Zeit mehr nach links, dem heutigen Walde zu, lag, nämlich in den Cantonen Strasse und Tiergarten. Hier ist ein ausgedehntes Fundlager römischer Überreste von Bauwerken, Altären, Sculpturen, Münzen, Waffen, Aschenurnen und Hausgeräten. Der Verfasser dieser Abhandlung hat selbst dort vieles aufgefunden, u. a. viele Terra sigillata, Münzen von Augustus (Gold), Antoninus Pius, Gallienus, Constans u. a. (Privatbesitz).

Im Jahre 1864 fand man auf demselben Boden eine dem Gotte Mercur geweihte Inschrift, ferner Armringe und andere Schmucksachen in Gold und unedlem Metall, endlich Grabsteine, Hohl- und Flachziegel u. dgl. m. (jetzt abhanden gekommen).

Von der Strasse in Reichshofen zweigten sich zwei
Wege ab. Der nach links gehende führte über das *Sand-
holz*, auf dessen höchstem Teile (bei der Lehmgrube)
Mauerreste, Aschenurnen, Waffen, Ziegel und Sculpturen aufgefunden wurden (Feld Gerber). Hier ist der
Boden auf einer grossen Fläche mit Scherben und Ziegel-
resten bedeckt. Dann ging der Weg dem Walde, *Frohret*
genannt, entlang. In einer Vertiefung in diesem
Walde hat Dr. *Schnoeringer* Überreste von Bädern
freigelegt, bestehend aus zwei Verliessen, die mit Kanälen
und Treppen verbunden waren. In dem einen Verliess
fand der genannte Archäologe einen schönen Topf in
Terra sigillata, eine Waffenscheide aus Messing und
verschiedene andere von einem Legionär herrührende
Gegenstände (heute Cabinet Dollfus).

Vom Frohret zog sich der Weg nach *Oberbronn*.
Dieser Ort lag damals mehr nach rechts, dem Canton
Neu-Kindweiler zu, wo man heute noch sehr oft im
Felde Grabsteine, Aschenurnen und Mauerwerk aufdeckt.

Von Oberbronn führte ein Weg links der heutigen
Landstrasse nach Niederbronn und mündete hier in der
Kirchhohl, unter der heute verschwundenen Altkirch.

Der andere Weg, welcher in Reichshofen sich von
der Landstrasse abzweigte, ging an der Reichshofener
Altkirche vorbei. Diese jetzt in Trümmer liegende Kapelle
war aus den Überresten eines römischen Tempels erbaut. Im Inneren befindet sich noch der obere Teil eines
Mercur eingemauert. Man fand dort s. Z. eine sieben-
köpfige Schlange, ein zweites Mercurbild mit Börse,
Ziege und Hahn, ferner einen dritten Mercur mit Über-
wurf, Tasche und Beutel, zu seinen Füssen eine Ziege
und auf dem Sockel mehrere Köpfe nebst der Inschrift:

D MER S VIC
TORINA NATALIS
E. V. P. L. L. M.

Eine andere Inschrift vom selben Fundort lautet:

S FORTVNATVS
SVISE I PL /E/. M

Von der Reichshofener Altkirche aus zog sich der Weg nach *Wohlfahrtshofen*, wo an Stelle der heute noch stark besuchten gotischen Kapelle ein römischer Tempel stand. In deren Nähe sind Säulenköpfe, Basreliefs und viele römische Ziegel aufgedeckt worden. Von da ging der Weg nach dem *Riesacker*, woselbst ein hoher Altar freigelegt wurde, die Götter Appollo, Mercur und Minerva darstellend (Bibliothek Strassburg). Ausserdem fand man dort viele andere römische Gegenstände, wie Schüsseln, Münzen, den unteren Teil einer sehr fein gearbeiteten Thonstatue (Museum zu Niederbronn). An der Stelle, wo sich heute die Stallungen des Pachthofes befinden, lagen die sehr bedeutenden Bäder, welche im Jahre 1781 freigelegt wurden und bis zum Jahre 1865 zu sehen waren. Deutlich erkannte man das Laconicum, das Frigidarium und das grosse Schwimmbad, die aber heute verschwunden und überbaut sind. Vom Riesacker führte auch ein Weg durch die Dätenbach nach Niederbronn.

Vom Tiergarten aus in Reichshofen, da wo die obenerwähnten Wege von der Strasse abzweigten, lief dieselbe an Stelle der heutigen Bahnlinie, umging den Altenberg und kam durch den Rehgarten nach Niederbronn, das seinerseits an Fundreichtum den oben genannten Orten nicht nachtsteht.

Zu verschiedenen Zeiten, schon seit Jahrhunderten, ist dieser Ort als Fundplatz römischer Altertümer bekannt und überall stösst man hier bei Grabungen auf römisches Gemäuer. Hier erhoben sich in jenen Zeiten zahlreiche Villen, Monumente, ein Castell und vor allem auch Badeanlagen.

Am Fusse des Herren- und Giersberges breitete sich
die römische Badestadt aus mit ihren leicht gebauten,
halb offenen, mit flachen Dächern bedeckten Villen. Auf
dem spätern Schlossplatze, wo jetzt die neue Kirche sich
erhebt, stand, von Wasser umgeben, das römische Castell.
Dieses befand sich an der Stelle der heutigen katholischen
Kirche, bei deren Bau man auf die Mauern jenes
Castelles stiess.

Es waren circa 1 $\frac{1}{2}$ m dicke, aus Quadersteinen gebil-
dete Mauern mit einem auf der Aussenseite laufenden,
mit Platten belegtem Rundgang. Noch heute heisst der
Platz im Volksmund der « *Plattegarte* ». Alte Leute haben
auch noch die verschütteten Reste des um das Castell
gelegten Wassergrabens gesehen. Der Ostgraben wurde
durch den heute noch fliessenden Falkensteinerbach
gebildet. Die äussern Gräben waren jedenfalls von diesem
aus mit Wasser gespeist.

Im Mittelalter stand dort über den römischen Mauern
das Schloss der Grafen von Hanau. [1] Beim Abtragen der
Reste zum Zwecke des Kirchenbaues fand man dort
Reste von Terrasigillatagefässen, darunter eine mit
gepressten Figuren geschmückte Schale und viel römisches Ziegelwerk.

Hier war wahrscheinlich die Wohnung des Procon-
suls. Da wohnte unter Trajans Regierung Severinus Sa-
tulinus, der infolge eines Gelübdes dem Gotte Mercur
auf der Wasenburg einen Tempel errichten liess und von
dem uns eine auf der obengenannten Wasenburg
erhaltene römische Inschrift Kenntnis giebt.

Auf die Lage des Tempels von Niederbronn weist die
alte Ortsüberlieferung hin, dass an der Stelle der alten,

[1] Anmerkung. — Seine Uberreste waren Mitte des
XVIII. Jahrhunderts noch vorhanden und finden sich auf
einem alten Stadtplane jener Zeit aufgezeichnet.

jetzt protestantischen Kirche einst ein Heidentempel
stand.

Die Mitte des Ortes nahmen die Badeanlagen ein, wie
ich derselben im folgenden Capitel gedenken werde.

Um sie herum lagen zahlreiche Villen und Buden-
strassen, von denen sich noch heute bei jeder Grabung
Spuren in Form von römischen Mauern und Ziegel-
werk vorfinden, ferner in Gestalt von Heiz- und
Wasserleitungsröhren, Steinskulpturen, Gefässscherben,
Münzen u. s. w.

Überreste von Mauern, Asche und Kohlen bedecken
hier die zerbrochenen Ziegel des verbrannten Dach-
werkes. Dazwischen finden sich Scherben von Thon,
sowie Überreste von Gerätschaften aus Eisen und Stein,
in der Mitte auch wohl einmal noch der Hausaltar mit
Inschrift; ferner finden sich hier Aschenurnen mit verbrannten Knochen und eisernen Nägeln, kupferne
Münzen und die gewöhnlich aus einem flachen Stein
bestehende Handmühle. Das waren jedenfalls einfache
Bauten nach Art der Casa oder des Landhauses, wie es
sich noch im heutigen Italien vorfindet, nur aus dem
Erdgeschoss bestehend und mit halbflachem, auf den
Mauern ruhendem Dache.

Ausgedehnteres Mauerwerk mit Überresten von
Bädern, Leitungs- und Ableitungskanälen und Heiz-
anlagen kennzeichnen die Wohnstätten der Wohlhaben-
deren. Hier findet man nicht nur Kupfermünzen, sondern
auch Silberstücke, Schmucksachen, sowie Bruchstücke
von Statuen. Töpferwaren in Terra sigillata, Gerätschaften
aus edlem Metall, Glas- und Marmorstücke sind die
stummen Zeugen früherer Pracht. Nördlich von dem
Castell war vermutlich das Forum, der Markt. Hier und
in offenen Läden stand der Verkäufer und bot seine zur
Schau ausgestellte Ware feil.

Aber auch diese Häuser bestanden zumeist nur aus
einem Stockwerk.

Von dem Strasseneingang kam man gewöhnlich in
das Vestibul oder den Flur. In den Geschäftshäusern
oder in solchen, die Fremde aufnahmen, befanden sich
rechts vom Eingang die Stallungen, links das Pförtner-
haus und die Schuppen.

Vom Flur kam man ins Peristil oder Impluvium
(Inmitten desselben war der Behälter für das herab-
fallende Dachwasser). Hier war der Geschäftsraum, in
welchem man sich aufhielt und wo auch der Hausaltar
stand. Links und rechts davon waren die Wirtschafts-
räume, die Küche und Kammern: dann kam das Speise-
zimmer — Triclinium —, links und rechts davon die
Gesellschafts-, Schlaf- und Badezimmer.

Die Räume wurden durch heisse Luft, die in Kanälen
zirkulierte, erwärmt.

Beinahe sämtliche Räume gingen nach innen und
empfingen, ohne Fenster, ihr Licht von dem teilweise
offenen Impluvium.

Die in Niederbronn zu Tage getretenen Funde kamen
grösstenteils in die 1870 verbrannte Bibliothek in Strassburg, andere gingen mit der Sammlung des Dr.
Schnœringer in den Besitz des Herrn Dollfus in Dornach bei Mülhausen über. Einige hingegen sind im
kleinen städtischen Museum zu Niederbronn aufbewahrt,
und andere endlich befinden sich in der Sammlung des
Verfassers.

Von den wichtigsten Funden erwähne ich die nach-
folgenden: anno 1717 fand man bei der Quelle eine vier-
kantige Säule mit den Reliefbildern der Minerva, des
Herkules, des Mercur und des Apollo. Letzterer hält in
der Rechten einen Bogen und eine Lyra (Museum
Strassburg, vor 1870). Im Jahre 1865 kam im Haus von
Langenhagen ein Basrelief mit einer Minerva zum Vor-

schein. Die Göttin trägt Lanze und Schild und ist von Tunika und Stola umwallt (Museum in Niederbronn).

Ferner fanden sich hier eine Venus mit Abundantia aus Sandstein, eine Arbeit aus dem 3. Jahrhundert n. Chr. (Museum zu Niederbronn).

Ein Säulenstück mit der Inschrift:

TOM
AVGVST
VRSVLVS
TAVG

(zu Strassburg.)

Ein Minerva-Basrelief mit Helm, Schild und Lanze, links Eule, 0,50 m hoch und 0,30 m breit.

(Museum zu Niederbronn.)

Bei der Quelle fand sich:

Ein Altar mit Inschrift; er ist aber heute verschwunden.

Ein Basrelief mit einem bewaffneten Krieger zu Pferd, der einen Gefangenen nachführt.

Ein anderes Basrelief zeigt einen Mann mit dem Sagum umhüllt, in der Linken eine brennende Fakel haltend. Inschrift:

— — — — O. ET. FG : : = =
— — — — .
— — — — .   . . — —
— — — — Æ. S. SA... — —

(Museum zu Niederbronn.)

Ein Bruchstück in Sandstein zeigt Mercurius in natürlicher Grösse.

(Museum zu Niederbronn.)

Bei der Quelle fand sich ein würfelförmiger Stein, der

auf der Vorderseite ein Bassin, einer Opferschale ähnlich, und die schwer zu entziffernde Inschrift trägt:

$$DI = = = AT = = = = TN))$$

(zu Strassburg)

Ein Basrelief mit Minerva im Helm, mit Schild und Lanze, rechts eine Eule, 50 cm hoch, 30 cm breit.

(zu Strassburg.)

Ein Votivaltar mit der Inschrift : DOMVS.

(Museum zu Niederbronn.)

Ausserdem ein Hausaltar mit der Inschrift :

INHD
D. GEN. LO
C T

Zu Ehren des göttlichen Hauses dem Genius des Orts.

(Sammlung Matthis, im Museum Niederbronn.)

Ferner das Fragment eines Mercurius aus Sandstein (Sammlung Matthis im Museum).

Ein gekrönter Frauenkopf, vielleicht eine Quellengöttin.

(Museum zu Niederbronn.)

Von weitern Steindenkmälern fanden sich mehrere Altäre und Bruchstücke (Hände) einer kleinen Marmorgruppe.

Bruchstücke einer Platte in Marmor mit der Inschrift :

DO

Endlich neben bronzenen Gefässen, Kettchen, Flötenfragmenten aus Bein, unter den Platten und Tellern aus

Terra. sigillata mit Barbotinemalerei. solche mit den
Töpferstempeln :

EVRIT & VSF
OIIKC   VSE
AL   VS
PFI

(Sammlung Matthis.)

IV.

Die römischen Bäder von Niederbronn.

Kaspar Andernach, längere Zeit Leibarzt des Königs Franz I. von Frankreich und später Professor der Medizin in Strassburg, veröffentlichte anno 1565 eine Beschreibung der in damaliger Zeit im Zentrum Europas bekannten Bäder und Mineralwasserquellen. Niederbronn wird in dieser Arbeit ebenfalls erwähnt; er bezeichnet die «Heilkraft seines Wassers hochgeschätzt, jedoch die Badeeinrichtung, sowie die Brunnen sehr vernachlässigt und in vollen Verfall gekommen.»

Dieses veranlasste anno 1593 den damaligen Besitzer unserer Gegend, den Grafen Philipp V. von Hanau-Lichtenberg, die ganze Einrichtung zu erneuern. Um zu diesem Ziele zu gelangen und das Bad zu heben, wurden die Brunnen bis auf den Grund gereinigt und ausgebessert; die Hauptquelle wurde abgesondert und das Wasser durch eine aus Hausteinen in Schichten auf-

einandergesetzte, hohle Pyramide hell und klar an die
Oberfläche gebracht. Ein zweiter Gasthof zur Aufnahme
der Kranken und Fremden wurde erbaut, und in der
Nähe der Quelle ein Badehaus errichtet.

Bei jenen Arbeiten fand man, dass der Brunnen eine
Tiefe von über 8 m hatte. Er liess zwei Zeitperioden
erkennen. Sein oberer Teil, 2 1/2 m hoch, war rohes
Mauerwerk und stammte jedenfalls aus dem Mittelalter.
Der untere Teil hingegen bestand aus einem der
römischen Zeit angehörigen, sechseckigen, regelmässigen
Bau aus Hausteinen mit stark hervortretendem Gesims.

Auf dem Boden befand sich ein Kanal zum Ablauf
in einen zweiten Brunnen, welcher damals unbekannt,
mit Erde und Steinen angefüllt, dem Boden gleich war
und inmitten der jetzigen Promenade einen Sumpf
bildete. Dies zweite Bassin wurde ebenfalls aufgedeckt
und gereinigt.

Die Bauart beider Brunnen war gleich. Sie dienten
in früheren Zeiten, vor der Zerstörung Niederbronns, als
Frigidaria — Kaltbäder — und waren nach dem
Gebrauche der damaligen Zeit mit Dampfbädern verbunden.

Ferner entdeckte man um die Brunnen in gleicher
Tiefe mit dem obenerwähnten Gesims einen schön
belegten Steinboden. Diese Entdeckungen gaben Auf-
schluss über die Bedeutung des ausgedehnten, vorher
rätselhaften Trümmerlagers und der vielen römischen
Altertümer, welche damals hier schon überall zu Tage
getreten waren.

Beim Reinigen der Brunnen fand man nun im
erwähnten Jahre 1593 im Schlamm und auf der Sohle
des Badbrunnens zerstreut über 300 römische Münzen,
ausschliesslich derjenigen, welche beim Abräumen abhanden kamen.

Diese grosse Anzahl Münzen bezeugte nicht nur in

Verbindung mit den obenerwähnten Feststellungen, dass dieses Bad aus der Römerzeit herrühre und damals viel besucht wurde, sondern war auch insofern von grosser Wichtigkeit, als wir daraus erfahren, während welcher Zeit ungefähr das Bad in Gebrauch war.

Die Münzen waren grösstenteils aus Kupfer und Bronze, einige aus Silber und nur wenige aus Gold.

Sie sind in dem anno 1593 von *Heliseus Ræsslin* herausgegebenen Werke[1] ausführlich beschrieben, und verweise ich diejenigen, welche sich über diesen merkwürdigen Fund eingehender unterrichten wollen, auf den der vorliegenden Schrift beigefügten Anhang, in welchem ich in Anbetracht, dass das Buch Ræsslin's nur noch in ganz wenigen Exemplaren vorhanden ist, den ganzen diesbezüglichen Text Ræsslin's mit allen seinen guten und schlechten Seiten genau in der alten Sprache zum Abdruck gebracht habe, und dem ich einige Facsimiles der Ræsslin'schen Münzabbildungen beigefügt habe.

Für diejenigen aber, welche sich nicht durch den oft mehr amüsanten als wissenschaftlich unantastbaren Text Ræsslin's durcharbeiten wollen, sei bemerkt, dass der Fund folgende Kaiser umfasste:[2]

1 von Marcus Antonius,
1 » Augustus,
2 » Nero,
mehrere von Vespasianus,
» » Titus,
17 von Domitian,
7 » Nerva,

[1] Anmerkung. — Heliseus Ræsslin, «Beschreibung des Niederbronner Baads und Wasgauischen Gebirgsgelegenheiten.» Strassburg 1593.

[2] Anmerkung. — Vergl. Kuhn, «les Eaux de Niederbronn.» Paris, Masson, 1860. IIIe édit

über 30 von Trajan,
» 60 » Hadrian,
» 20 » Antoninus Pius,
mehrere von Faustina,
10 von Marc Aurel,
mehrere von Marc Anton,
5 von Commodus,
mehrere von Gallienus,
» » Claudius,
» » Aurelianus,
» » Constans,
» » Constantin dem Grossen,
» » Tetricus,
» » Valentinianus,
» » Valens,
» » Theodosius,
» » Arcadius.

Wie man sieht, reichen also die gefundenen Münzen
von den letzten Zeiten der römischen Republik bis in die
letzten Zeiten des römischen Kaiserreichs; denn mit
Arcadius, dem Bruder des Honorius, fand die Römerherrschaft im Elsass ihr Ende.

Wie ist nun das Vorkommen dieser grossen Anzahl
von römischen Münzen in unsern Niederbronner Quellen
zu erklären? Wurden jene Geldstücke von den Badenden
während ihres oft sehr lange dauernden Aufenthaltes im
Bade verloren?

Oder sind die Münzen bei Festessen und Feierlich-
keiten durch hier wohnende römische Beamten oder
Würdenträger zu Ehren des regierenden Cäsars dem
Brunnen gestiftet worden?

Oder sind jene Fundstücke als Weihgaben aufzu-
fassen, mit welchen mancher Gebrechliche, der die
Quelle benützen wollte, den Quellengott günstig zu
stimmen versuchte? Oder endlich, sind es Votivgeschenke

e'nzelner Geheilter, welche jene Münzen dem Quellen-
gotte als Dankopfer darbrachten?

Am meisten Wahrscheinlichkeit haben die letztge-
nannten beiden Versionen für sich; doch mögen ge-
legentlich auch die ersteren Fälle die Ursache gewesen
sein.

Wieder eine andere Frage, welche uns diese Münzen
für sich allein nicht in vollem Umfange zu beantworten
vermögen, ist die: Wann war die Zeit der Gründung
der Niederbronner Römerbäder? Zwei Fragen stehen
sich hier gegenüber. Ist das Römerbad erst zu der Zeit
entstanden, als im Elsass Ruhe, Friede und Wohlstand
eingetreten waren? Fällt die Gründung in die Zeit des-
jenigen Kaisers, von dem wir hier die grösste Zahl von
Münzen gefunden haben? Also in die Zeiten des Kaisers
Hadrianus? Sind also die älteren Münzen, welche hier
gefunden worden sind, lediglich altes, zu den Zeiten
Hadrians noch in Kurs gewesenes Geld, das man den
Göttern gerade so mit Vorliebe spendete, wie heute noch
Leute dem Opferstock mit Vorliebe alte, ausser Kurs
gesetzte Münzen stiften?

Oder aber liegen die Verhältnisse anders? Hat, wie
wir oben angedeutet haben, schon in vorrömischer
Zeit das Niederbronner Wasser Liebhaber gefunden?
Haben dann die Römer gleich in den ersten Jahrzehnten
ihres Hier eins diese Quelle aufgesucht, und sind daher
die hier gefundenen vorhadrianischen Münzen als
Zeugen der Existenz eines frührömischen Bades aufzu-
fassen? Das sind Fragen, welche nur weitere Aus-
grabungen klar legen können.

So viel aber ist sicher anzunehmen, dass wenn nicht
schon früher, so doch ganz zweifellos spätestens unter
Hadrian die Badbauten von Niederbronn prunkvoll an-
gelegt worden sind, und die Blütezeit des Bades in die
friedlichen und blühenden Zeiten fällt, aus denen wir die

5.

vielen Münzen besitzen von Hadrian, Antoninus Pius
und Marc Aurel. Auch das erscheint aus den Münzen
unserer Badequelle, nämlich aus d·r fast ununter-
brochenen Reihenfolge der nachhadrianischen Kaiser, her-
vorzugehen, dass unser ruhiges Thal, abgelegen vom
Hauptverkehr, in Frieden die Zeit der Römerherrschaft
im Elsass durchlebte und alljährlich besucht war.

Wenn man nun die hier aufgefundenen Überreste
von Bädern mit andern vergleicht, so zeigt sich eine sehr
beachtenswerte Übereinstimmung. Bekanntlich gingen
die Römer vom kalten Wasser ins warme, dann ins
heisse und endlich ins Schwitzbad, dann von da zurück
ins heisse, lauwarme und kalte Bad. [1]

Die römischen Bäder waren folgendermassen eingerichtet:

Der Auskleideraum oder Apodyterium war
ringsum mit Bänken für die Kleider ausgestattet. Wärter
führten darüber die Aufsicht und halfen beim Ankleiden.
Mit diesem Raume standen meistens die Einreibungs-,
Frottir- und Kneteräume in Verbindung, welche mit
trockener Luft aus den daneben liegenden Hypocausten
erwärmt wurden.

[1] Anmerkung. — Über römische Bäder, vergl. man
z. B. W. Budmer, «Römische Bäder», Wien, 1877.

Der geheizte Raum, das Hypocaustum, besass
einen Boden aus gebrannten Steinen oder Marmorplatten,
welche über zahlreiche Heizgänge auf frei stehende
Pfeiler gelegt waren. Diese Heizgänge, welche sich auch
in den Wandmauern befanden, gaben eine gleichmässige
Wärme.

Das Kaltbad, Frigidarium, lag in der Regel gegen
Norden, war überwölbt oder befand sich unter freiem
Himmel und enthielt ein oder zwei grosse Becken. (Bap-
tisterium, Piscina oder Bassin.)

Der lauwarme Schwitzraum, Tepidarium, befand
sich in der Nähe der Hypocausten, war durch Wand-
röhren erwärmt und diente als Übergangsstation, entweder zum Kaltbad, Frigidarium, oder zum heissen Bad,
Caldarium.

Die obengenannten Räumlichkeiten waren in den
nicht zu grossen Thermen die Hauptbaderäume und
lassen sich auch hier in Niederbronn und auf dem
Riesackerhof in den aufgedeckten Trümmern nach-
weisen.

Im Laufe der römischen Kaiserzeit entwickelte sich
allmählich das heisse Bad (Caldarium) zum wichtigsten
Bestandteil jedes römischen Bades. Wo das Wasser
nicht warm der Erde entsprang, wurde es künstlich
erwärmt und durch thönerne Röhren oder steinerne
Kanäle in die verschiedenen Abteilungen geleitet. Diese
bestanden im Schwitzraum, Sudatio, in welchem
die heisse Luft im Boden und in den Wänden zirkulierte, in Laconicum, in dem die Luft nach Be-
lieben durch Ventilation abgekühlt werden konnte,
und im Labrium, aus einem Becken mit kaltem
Wasser bestehend, in welches man sich nach dem
Schwitzbad tauchte oder worin man sich mit kaltem
Wasser begiessen liess. Ausserdem befand sich in diesen
Bädern regelmässig oder wenigstens in den meisten

Fällen die lavatio calda, eine Art grosses Gesellschaftsbad mit sprudelndem, warmem Wasser, in welchem sich die Badenden plaudernd und anderweitig unterhaltend längere Zeit aufhielten. Es war mit Wandelgängen umgeben und gewöhnlich besonders luxuriös ausgestattet.

Besondere Räume, teilweise mit Alleen verbunden, dienten zu gymnastischen Übungen, zu Discus- und Kugelwerfen, Ballspiel und Wettlauf.

In den Thermen fand ferner der Badende alle Annehmlichkeiten und Bequemlichkeiten, Unterhaltung und Gesellschaft derart, dass viele Römer dort den grössten Teil des Tages verbrachten. Um diese Quellen, resp. Bäder bildeten sich allmählich mit dem Steigen des Besuchs zahlreiche Budenstädte und Villenkolonien, aus denen sich dann mit der Zeit ganze Ortschaften und Städte entwickelten.

Das Christentum verbot die Thermen, weil man sich darin verweichlichte und weil jene durch übertriebenen Luxus und Schwelgerei zur Entsittlichung geführt hatten.

LEOSCHNV
ARGENTOR

V.

Niederbronn zur Völkerwanderungszeit und im frühesten Mittelalter.

Jahrhunderte hindurch genoss das Elsass Ruhe.
Doch in der Mitte des vierten Jahrhunderts ging der
Einbruch und die Verwüstung durch die Barbaren los.
Die Alemannen hatten sich des Decumatenlandes
bemächtigt, drangen nach Gallien vor und zerstörten
das ganze linke Rheinufer. Die Franken besetzten ihrer-
seits Belgien. Ganz Gallien war in trostlosem Zustande
und die römischen Heerführer machtlos und uneinig.
Tausende von Römern wurden als Sklaven in die germanischen Wälder geschleppt.

Selbst der Präfekt Julian, des Kaisers Schwager,
ward in Sens, im Zentrum Galliens, von den Germanen-
belagert. Jedoch war dieser kühne und talentvolle Römer
der bedrängten Stellung gewachsen. Er durchbrach
das Germanenheer, zog nach Reims, nahm dann Trier
und Cöln, schlug sich von dort aus den Rhein hinauf und
ereilte die Barbaren noch an den Vogesenpässen auf
ihrem Rückzug aus Gallien. Selbst vom Überfall bedroht,
befestigte er Zabern als Stützpunkt und zog dem Feinde
nach Strassburg entgegen. Siegesgewiss traten dort
sieben alemannische Könige mit 35 000 tapfern Kriegern,
welche Julian wieder über den Rhein herübergelockt
hatte, dem kleinen, aber guten Römerheer entgegen.
Trotz ihrer Übermacht wurden die Germanen dort von
Julian geschlagen. Über 10 000 fielen, eine Masse er-
trank im Rhein. Das geschah im Jahre 357 n. Chr. Der
siegreiche Julian zog über den Rhein und befreite dort
20 000 römische Gefangene.

Im Jahre 378 wurde das Elsass abermals ein
historischer Kampfplatz. 40 000 Leute hatten den ge-
frorenen Rhein bei Horburg — ARGENTOVARIA —
überschritten, wurden aber vollständig aufgerieben und
fielen bis auf 5 000. Von diesen Kämpfen, die das Elsass
jedenfalls stark heimsuchten, scheinen, nach den hier im
Brunnen gefundenen Münzen zu schliessen, Niederbronn und seine Bäder nicht wesentlich beeinträchtigt
worden zu sein. Das änderte sich aber, wenn wir den
Münzen des Badebrunnens glauben wollen, mit den
Zeiten des Arcadius, der, wie oben erwähnt, der letzte
Cäsar war, von dem sich im Brunnen eine Münze
gefunden hat. Unter ihm mussten die Goten, von
Alarich geführt, den Hunnen weichen. Die selbst hart
bedrängten Goten fielen in Italien ein und plünderten
Rom. Um sich gegen diesen Einfall zu schützen, wurden
die Truppen von den Nordgrenzen zurückgezogen, diese

aber damit entblösst. Nun stürzten anno 406 die andern
germanischen Völkerstämme gierig in das offen da-
liegende Land. Ganz Gallien wurde überschwemmt;
alle Städte, Castelle, Ortschaften, Villen, Bäder und
Tempel auf dem linken Rheinufer wurden vernichtet.

Die Franken setzten sich in einem Teil von Gallien
und im Elsass fest. Nach diesen Verheerungen war dem
Lande eine kurze Ruhe gegönnt. Die Franken bauten
sich hier an und bewohnten, wie die Funde das nahe
legen, auch Niederbronn.

Man entdeckte hier nämlich im Jahre 1868/69 beim
Niederbronner Pfarrhaus im Pfarrgässchen anlässlich
Eisenbahnbauten mehrere Skelette mit Beigaben aus
alemannisch-fränkischer Zeit. Es waren grösstenteils
Kriegergräber mit eisernen Scramasaxen, Messern,
Gürtelschnallen, verzierten Urnen u. dgl.

Die Franken konnten sich aber ihres Besitzes nicht
lange ungestört erfreuen. Schon im Jahre 433 kamen
die Hunnen. Panonische Völker verheerten ganz Germanien, Elsass, Gallien und Italien. Alle Städte wurden
verbrannt, alle Tempel zerstört, alle Ortschaften und
Häuser dem Boden gleichgemacht.

Diesmal hatte auch für das blühende Niederbronn
die Stunde geschlagen. Der Ort wurde eingeäschert, die
Brünnen verschüttet. Dies lässt sich daraus schliessen,
weil eine dicke Schicht Asche und Kohle unsere Trümmer
des römischen Niederbronn bedeckt.

Grosse Wasserfluten brachten aus dem nahegelegenen
Gebirge Felsen, Steine und Erde, welche sich eine Reihe
von Jahren hindurch über das Thal hin wälzten und nach
und nach die früher so blühende Badestadt samt ihrem
bis heute noch nicht sichergestellten römischen Namen
auf Jahrhunderte bedeckten. [1]

Die Stürme der Völkerwanderung hatten in kurzer
Zeit das vernichtet, was römische Kultur, Geist und
Fleiss in Gallien während 400 Jahren hervorgebracht
hatten.

Die siegreichen Franken setzten sich im Elsass fest.
Von der römischen Welt war alles verschwunden: die
Sprache, die Sitten, die Götter.

Die lateinischen und keltischen Namen der Städte,
Dörfer, Bäche, Wälder u. s. w. wurden durch deutsche
ersetzt. Nach den furchtbaren Verheerungen, welche

[1] Anmerkung. — Es ist vielleicht nicht unnütz zu be-
merken, dass Niederbronn nach der Volkstradition früher
«Engelstadt»; nach den Angaben anderer in römischer Zeit
«Vasgoviana» (?) hiess.

die Hunnen zweimal hinter sich liessen, war das Elsass
in eine Einöde verwandelt. Nur langsam geschah die
Neubesiedelung des Landes durch die von ihren Kriegs-
zügen aus Gallien zurückkehrenden Franken. Dort
hatten sie in Gemeinschaft mit den Römern und den
Goten in der Ebene der Champagne die Hunnen besiegt.

Im Jahre 495 fielen die Alemannen abermals in das
Elsass ein und hielten es besetzt bis 496, wo sie der
Frankenkönig Chlodwig besiegte, über den Rhein zurück-
drängte und ihres Landes beraubte.

Die von den Römern bewohnten Städte blieben leer;
die Ortschaften verlegten sich. Es lag wie ein Bann auf
dem alten Boden. Der christliche Glaube hatte die alte
Götterwelt vertrieben und auf deren Stätten eine neue
Welt gesetzt.

Das Christentum hielt seinen Einzug, und christliche,
von den fränkischen Königen eingesetzte Herzöge
herrschten über das Elsass.

Und schon von den ältesten, uns noch erhaltenen
elsässischen Urkunden aus dieser Zeit beschäftigen sich
zwei auch mit unserer Gegend und speziell mit Niederbronn.

Sie wurden erst in neuerer Zeit durch die Nach-
forschungen des Herrn Pfarrers Ihmé[1] in Bärenthal
aufgefunden und zwar in einer Sammlung von Schenkungen zu Gunsten der Abtei Weissenburg, welche im
Jahre 633 von dem Frankenkönig Dagobert II. gegründet
worden ist. Von diesen zwei Schenkungsurkunden aus
dem 8. und 9. Jahrhundert datiert die eine zwischen 730
und 739. Sie bespricht eine Schenkung, welche Luit-
fried, Herzog im Elsass, und seine Gemahlin Hiltrudis

---

[1] «Weissenburger Schenkungen und Besitzungen,» E. Zeusz
in Speyer, 1842.

F. Batt, «Das Eigentum zu Hagenau im Elsass», Col-
mar 1876.

dem Abte Ermoald von Weissenburg erzeigten, gemäss eines in seinem herrschaftlichen Walde, genannt Fasenburg, gethanen Versprechens über Leibeigene in Gœrsdorf und Preuschdorf der obengenannten Abtei. Hier haben wir das erste urkundliche Zeugnis von der Existenz unseres Niederbronn und der Wasenburg; denn, wenn es einen « Fasenburger Wald » gab und dieser herrschaftliches Eigentum der Herzöge vom Elsass war, so muss auch eine « Fasenburg » = Wasenburg schon damals vorhanden gewesen sein und, so wie die Hohenburg auf dem Odilienberg, den Herzögen vom Elsass gehört haben.

Die zweite Urkunde, den 2. September 820 in Strassburg geschrieben und in Gegenwart des Kaisers Ludwig des Frommen aufgestellt, betrifft einen Gütertausch, in welchem Graf Hugo vom Elsass für das Dorf Dettweiler alle seine Besitzungen in der Villa Brunnon — das ist unser Niederbronn — umtauschte, mit Ausnahme der Kirche, der Veste und dreier Teile der Waldmark.

Handelt es sich hier um die Veste, welche an Stelle des im 5. Jahrhundert hier zerstörten Römercastells aufgebaut wurde oder ist auch hier von der Veste Wasenburg die Rede ? (Das hoffen wir vielleicht später in der oben angekündigten Spezialarbeit über die Wasenburg aufklären zu können.) Immerhin liefert uns diese zweite Urkunde den Beweis, dass Villa Brunnon — Niederbronn — schon im Jahre 820 existierte, bedeutend war, Kirche und Schloss besass und der Ort als Eigentum den Herzögen vom Elsass gehörte, welche sich hier jedenfalls Schloss und Wald — wenn nicht gar auch schon die Bäder — zum Aufenthalt vorbehielten.

Hier darf vielleicht auch eingeschaltet werden, ob nicht am Ende aus dieser Zeit der schon oben erwähnte Überbau des Brunnens datiert, welchen Graf Hanau-Lichtenberg 1593 über dem römischen Bade vorfand.

Allerdings wird es wohl noch lange unentschieden bleiben, ob dieser Überbau, d. h. die Neuerrichtung des Niederbronner Bades in die Zeiten Dagoberts zurückdatiert oder ob jener Neubau den Zeiten der Carolinger oder gar denen der Ottonen entstammt.

Niederbronn war ein direktes, von den deutschen Kaisern den spätern Landgrafen zur Verwaltung gegebenes Reichslehen ; diese traten es leihweise oder als Pfand auf Zeit an adelige Geschlechter ab. Ein solches Geschlecht, welches im 13. und 14. Jahrhundert hier lebte, sich von Burne schrieb und auf der Wasenburg seinen Wohnsitz hatte, besass das Lehen von den Bischöfen von Strassburg, welche zeitweise Landgrafen im Elsass waren. Des Stammes von Born edelster Spross war Lampertus von Born. Dieser war zuerst Mönch in Neuweiler und wurde später Bischof zu Strassburg.

Anno 1330 verkaufte der Landgraf Ulrich vom Elsass sein Lehnsrecht auf das Dorf Burnen mit « Zwing, Bann, Lütte, Güter, Kirche, Wald, Gericht und Zehente» an die Herren von Ochsenstein. Zwei Jahre nachher veräusserte der Sohn von Ulrich dieses Reichslehn ein zweites Mal an die Herren von Lichtenberg.

Deswegen entstand ein vier Jahre lang dauernder Besitzstreit, der mit dem Abstehen der Herren von Lichtenberg zu Gunsten der Ochsensteiner endete, welche es dann als direktes Reichslehn bis anno 1485, d. h. bis zum Erlöschen der Familie von Ochsenstein, besassen.

Sodann kam Niederbronn zuerst durch Kauf, dann durch Erbschaft an die Herren von Zweibrücken-Bitsch-Ochsenstein und anno 1570 durch Heirat an die Herren von Hanau-Lichtenberg. Diese Familie war es, unter welcher anno 1593 bei den obenerwähnten grossen Räumungsarbeiten, die Graf Philipp V. von Hanau-Lichtenberg an unsern Brunnenquellen vornehmen liess,

die römische Herkunft unserer Brunnen festgestellt
wurde und zum ersten Mal nach jahrtausendaltem
Schlaf das römische Niederbronn, wie ich es hier zu
schildern versucht habe, wieder auferstand.

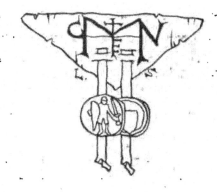

Von den Moneten vnnd

Münzen/so in dem Bronnen zu Ni-

derbronn funden worden.

Das erſte ein ſilberin münß ein dickes ſtücklein ſteht auff b:r einen ſeite ein zeichen einem Schiff gleich vnd dieſe buchſtaben. ANT. AVG. oben herumb.
III VIR R P. vnten herumb. Das iſt.
Antonius Auguſtus Triumvir Rom. Populi.

I
M.ANTONIVS.

Dieſe münß iſt geſchlagen worden als nach dem tobt Julij Cæſaris des erſten Keyſers dieſe drey / Antonius / Octauius vnd Lepidus als ſie zuuor ſeind geweſen / zuſamen kommen / ſich ver- glichen / die Römiſchen Prouintzen vnter einander ausgetheilt / be Antonio Gallia vbergeben worden / vnd ſie alſo ein Triumuiratum angeſtellet beylauffig 42. jar vor Chriſti Geburt.

Triumuiratus

Auff der andern ſeiten der münß ſtehen drey Kriegszeichen / Signa militaria, vnd vnten darunter dieſe characteres.
LEG. VR. das iſt / Legiones Vrbis.

Seind die zeichen der Legionen ſo Antonio vbergeben worden / wie dan die Römer ihr Kriegsvolck in Legiones ausgetheilet / deren 23. geweſen / unter dem Keyſer Octouio Auguſto / wie Xiphilinus è Dione meldet.

Legiones

Vber 12. jar hernach als Antonius von Octauio vberwunden worden / vnd ſein Leben geendet / iſt Octauius Cæſar einiger Herr vnd Monarcha worden / vnd hat den zunamen Auguſtus auch mit verwilligung des Senats von Römiſchen volcks bekommen / vnnd iſt jetzt Octauianus Auguſtus genannt worden / deſſen münß von Ertz eine mit ermeltem namen vmb ſein Bildtnis gleich in der erſt im bronnen funden / vnnd dem Amptſchreiber Herrn Juſtino Otthoni bee Rechten Licentiaten vnd Kyſerlichen Notarien zuſehen vnd vbergebe worden / ſeither aber weg kommen / vnnd nicht mehr vorhanden.

II.
OCTAVIANVS
AVGVSTVS.

III.
C. MEMMIVS
REGVLVS.

Ein ander silberin stücklein darauff gestanden vmb ein Köpfflein auff der seiten gegen dem Angesicht.

III.
C. MEMMIVS
REGVLVS.

C. MEMMI. C. F. das ist / Memius Caij Filius vnd C. MEMMIVS IMPERATOR. auff der andern seifen.

Es ist aber C. Memmius ein fürnemer Römer gewesen / dessen in der histori C. Cesaris Caligulæ meldung geschicht / bz nemlich C. Cesar jm sein weib Lollia Paulina ab vnd zu sich gefordert / als sie in Prouincia bey jre ehman C. Memmio gewesen / bz also C. Memmius g'eich ein Landvogt vber Gallia gewesen an stat des Keysers ein Kriegs Obrister / deßhalbe Imperator genannt / Xiphilinus nennet jn Regulu, haben also auch diese so an statt des Keysers in die Römische Prouintze ausgeschickt worden macht gehabt Müntze zu schlage / wie auch die Proconsules.

Dieser C. Memmius hat hinter jm gelassen ein Monumentu von gedechtnis zeichen am Rhein bey Maintz in Basi cuiusda Turris no longe à Parrochia D. Pauli / mit diesen characterib. so noch zu sehen

I. O. M.
CONSERVATORI C. MEMMIVS MARTIALIS LEG. XI V. S. L. M.

das ist Ioui optimo Maximo conseruatori Caius Memmius Martialis Legionis vndecimæ viues sibi locauit monumentum.

IIII.
NERO.

Zwo kupfferin müntze des Keysers Neronis so regieret vmb das 54. jar nach Christi gebu:t / in der eine wendet sich das angesicht zur rechte / in der andern zur linke mit dieser schrifft herumb. IMP. NERO CAESAR AVG. P. MAX. TRI. P. P. das ist Imperator Cæsar Augustus Pontifex Maximus Tribunus Pater patriæ.

Auff der andern seite vm ein gantzes menschlich bild so da haltet in der linden hand ein Cornucopie / zu den füssen der rechten / sie het ein Tonna vnd zeigt mit ausgestreckter rechten hand das gelb mit dieser zum Theil vertunckelten vmbschrifft.

CENC————————STI. Ich halt CENSVS AVGVSTI vnd S. C. zu beiden seiten des bildes / vnnd wie Nero in der ersten seiner Regierung gantz freygebig gewesen / also er hernacher verthunisch worden / vnd ist dieser der sechste Keyser vnd der letzt aus dem geschlecht Cæsarum.

V.
RYFVS.

Ein silberin stücklein mit zweyen Köpffen auf einer seiten / darauff geschrieben hinder den Köpffen abwerts.

RVFVS IIIVIR, Das ist Triumuir vnd MI. CORDI. das ist Misericordia auff der andern seiten.

Dieser Rufus ist ein berümpter regent vnd Kriegsfurst / dem Germania vnter dem Keyser Nerone zuuerwalten vntergeben worden gewesen / welchen auch letzlich die Kriegsleut zum Keyser machen wollen an stat Neronis / wie Xiphilinus è Dione meldet.

VI.
VESPASIA-
NVS.

Etliche Müntzen Vespasiani vnd auch zum theil seines Sohns Titi Vespasiani seind sehr vertunckelt.

Auff einer stehet so das Angesicht zur Rechten wendet. CAES. VESPASIAN. IMP. ——— vnd ALACRITAS AVGVSTI. Auff der andern seiten.

Auff einer and.rn Müntz dessen Angesicht zu: Linken sich wendet / steht

VII.
TITVS.

IMP. T. VESP. AVG. PM. TR. COS. V. CENV. Das ist Imperator Titus Vespasianus Augustus Pontifex Maximus Tribunus Consul 5. Censor 5.

Auff der andern seiten stehet.

FELICITAS AVGVSTI. vnd S. C

Es sein dieser Müntzen auff acht aus gleichheit der Angesichter / dan die schrifften seind vertunckelt.

Ein Müntz des Keysers Titi Tochter Julia mit dieser schrifft vmb jr Bildnis.

VIII.
IVLIA.

IVLIA IMP. T. AVG. F. AVGVSTA. dz ist Iulia Imperatoris Titi Augusti filia Augusta.

Dan auch die Weibsbilder mit verwilligung des Senats zu Rom den namen Augusta bekommen / und macht von gewalt zu müntzen / wie dan auff der andern seiten auch stehn die zween Characteres S C. zu beyden seiten eines in einem sessel sitzenden

Weibsbildt von vnten darunter VESTA so eine Göttin des fewrs bey den alten Heiden.

Des Keysers Domitian sind viel müntzen vorhanden auff 17. aus gleichheit der angesichter vnd seind sonst sehr vertunckelt auff einer steht.

**IX.
DOMITIA-
NVS.**

IMP. CAES. DOMIT. AVG. GERM. COS. XV. CE ———

Das ist / Imperator Cæsaris Domitianus Augustus Germanicus Consul 15. Censor.

Auff einer andern grossen Müntz finden sich diese Buchstaben. VESP. F. DOMIT.——————— das ist Vespasiani filius Domitianus, das vbrige ist vertunckelt / wie auch auff der andern seiten nichts vollkommens zulesen / dann ——— AVGVSTI.

**X.
NERVA.**

Des Keysers Neruæ erfinden sich auff sieben Müntzen vngleiches Schlags mit dieser vmbschrifft auff einer seit.n. IMP. NERVA CAES AVG. PMTRI. COS. III PP.

CONCORDIA EXERCITVVM auff der andern seiten vm ein zeiche der trewe dz sind zwo hänb in einaber geschlosse.

**XI.
TRAIANVS.**

Des Keysers Traiani Müntzen seind bey 30. an der Zahl / ettliche groß / ettliche llein von mancherley schlag vnd bilder / auff ettlichen steht auff einer seiten.

1. IMP. CAES. NERVA TRAIAN. AVG. GER. PM. TR. POT. COS. II PP auff der andern seiten..

2. Auff andern Müntzen steht alles auff einer seiten vmb des Keysers bildtnis also

IMP. CAES. NERVAE TRAIANO AVG. GER. DAC. PM. COS. V PP. Das ist

Imperator Cæsari Neruæ Traiano Augusto Germanico Dacico pontifici Maximo Consuli 5. Patri Patr æ.

DACICVS.

3. Dacicus ist Traianus genannt worden / dieweil er die Dacos vberwunden / vnd ihren König Decibalum zu seinen füssen gezwungen. Auff der andern Seiten kan ich kein vollkommen Symbolum zusammen bringen / auf eines steht————— CIPI — villeicht PRAELIO ANCIPIT.

4. Auff einer andern Müntz steht vnten EQVIDEM — mit S C zu bryden seiten.

Auff der dritten steht dam tten S C mit grossen Buchstaben mit einem Ring vmbgeben.

Der gröste theil der Müntzen seind von Hadriano geschlagen XII.
ober die 60. stück von mancherley schlägen vnd gattungen. HADRIANVS.

1. Auff der ersten vnnd schlechtigsten gattung steht / auff der
einen seiten vmb des Keysers Bildt.

HADRIANVS AVGVSTVS.

Auff der andern seiten stehet allein des Keysers Consulat
mit dem Senatus Decreto als COS. III. vmb ein Bild vnnd
SC. zur rechten vnd lincken des Bildes.

2. In einer andern Müntz stehet. COS. III. oben / vnd SC. vnden.

3. In der dritten stehet / COS. III. vnden / vnd SC. zur rechten
vnd lincken.

4. In der vierdten stehet auf der ersten seiten HADRIANVS
AVG. COS. III PP. vnd SC. auff der andern seiten damitten
mit grossen Buchstaben / mit einem ring vmbgeben.

5. In der fünfften gattung stehet auff der andern seiten.
ANNONA AVGVSTI vnnd SC. zu beiden seiten.

6. In der sechsten steht.
SALVS AVG. vnd vnden COS. III.

7. In der sibenden so sehr schön ist steht.
CLEMENTIA AVG COS. III. PP.

8. In der achten so schön ist / steht auff der ersten seiten
HADRIANVS AVG. PP. vn HILARITAS PR. vnden COS.
III. neben zu SC ob zwey kleinen Bildern auff der andern seiten.

9. In der neunten steht auff der ersten seiten IMP. CAES.
TRAIAN. HADRIANVS AVGPM TR. P. COS III.
Die ander seit ist gar vertunckelt.

10. In der zehenden steht auff der andern seiten ein fliegend Roß
Pegasus vnd SC. III. vnden.
Daß sich doch gemeynglich in allen so lesenlich sind / der dritte
Consulatus findet / wie er dann auch mehr nicht als dreymahl
Consul gewesen / die gantze zeit seiner Regierung / als die ersten
drey Jar nach einander.

11. Die eylfft Müntz ist groß / steht vmb Hadriani Bildnus.

——TPAI AΔPIANOS.——

Welches ich anderst nit als für Griechische Buchstaben erkennen kan / als

Τρχι: ἀλριανος, die vorgehende vnnd folgende sind vertunckelt.

Auff der andern seiten steht ein gebäw welchs ich für ein vergettert werck angesehen.

Es zeigt mir aber an der Edel Ehrnvest vnd Hochgelehrt Herr Wolffgang Hunger / der Rechten Doctor vnd Keyserlich n Cammergerichts Assessor und Beisitzer / der mir auch mit Büchern zu solchen sachen der Antiquiteten dienlich verholffen gewesen / das es sei der Tempel zu Rom Panth:on / das ist aller Götter / von hohen steinen Seulen / vnnd oben darauff die Genij von Engeln / welchen M. AGRIPPA erstlich in Cibeles aller Götter Mutter ehr erbawet / der Keyser Hadrianus jhne wider ernewert / wie die Historien bezeugen. Vnd zur gedechtnus dessen Bildnuß vnd die Müntz schlagen lassen / hernacher aber ist solcher Tempel zu Rom vom Bapst Bonifacio dem britten in Mariæ der Mutter Gottes vnd aller Heiligen Ehr vnnd Namen eingeweyhet worden / vnd noch zu Rom vorhanden / wie jhnen dann ermelter Herr Doctor daselbst gesehen vnd darauß das Bild auff der Müntz erkant / vnden darunder stehn etlich buchstaben — SIQ VIMA — lasse sie andere vrtheylen / Ist also auff den Müntzen Hadriani auff der andern seiten ein grosse vngleichheit der Bilder / je eins anderst dann das ander / wie dann solcher Keyser auch lang regiert auff 21. Jar vnd mancherley seine geschichten vnd handlungen, darauff abwerffen wollen.

Ein ander guldens stücklein mit Keyser Hadriani Bildnuß gantz / vnd sind die Bildnussen auff allen Müntzen Hadriani einander gleich schön / hat ermelter Herr Doctor bei handen / nach dem aber die Historici vnd gesch:chtschreiber disem Keyser zugeben das er der erst gewesen so Har vnd Bart gezogen / findet sich vnter diesen vielen vnd mancherley Müntzen nicht ein einiges so einen Bart anzeigen thet / villeicht das sie ehe geschlagen dann er den Bart wachsen hat lassen / aber die nachfolgende Keyser werden mit Har vnnd Bart abgemalet / als L. Aelius, Antoninus Pius, M. Aurelius Antoninus, Aurelius Verus, M. Commodus, &c.

Deß Keysers L. AElij Veri erzeigt sich nicht mehr als ein Müntz / wie er dann auch bald gestorben noch bei lebzeiten Hadriani von dem er auch zum Sohn adoptiert vnd nach ihm Keyser

Pantheon der Tempel aller Götter.

XIII. L. AELIVS.

zu fein ernendt worden / ehe er den Namen Augustum vom Römi=
ſchen Rhat erlangt / doch Tribunitiam Potestatem vnnd Consu-
latum bekommen / von gewalt zu Müntzen / ex Senatus Decreto
wie ſein Müntz außweiſet / vnd ſteht auff der erſten ſeiten vmb des
Keyſers Bild.

L. AELIVS CAESAR.

TRPOT COS II. mit SC. auff der andern ſeiten / des Keyſers
Antonini Pij ſind mancherley vber 20. gattungen.

1. Auff einer ſteht vmb des Keyſers Bild.
ANTONINVS AVG. PIVS PP. auff der einen ſeiten. TR POT
COS II. vnd SC. auff der ander ſeiten.

2. Auff einer andern ſteht auff der erſten ſeiten.
ANTONINVS AVG PIVS PP. TR P COS II.
IMPERATOR II. auff der andern ſeiten.

3. Auf der dritten / ſteht auf der erſten ſeiten.
ANTONINVS AVG PIVS PP. IMP. Ik
TR. POT. XIX. auff der andern ſeiten.

4. Auff der vierten auff der andern ſeite ſteht TR. POT XX.
COS. III. vnd SC. zu beiden ſeiten.

5. Auff der fünfften / ſteht auf der erſten ſeiten.
ANTONINVS AVG PIVS PP. TR. P. XVII. item XXII.
LIBERTAS COS IIII. auff der andern ſeiten.

6. Auf der ſechſten / ſteht auf der andern ſeiten.
ANNONA AVG. COS. IIII. mit SC.

7. Auff der ſibenden ſteht auf der erſten ſeiten
CAES. TAEL HADR ANTONINVS AVG PIVS PP. biewe.l
er von Tito Aelio Hadriano adoptiert worden / hat er arch ſein
Namen vorher gehn laſſen.

8. Auff der achten ſteht auff der andern ſeiten ein Elephant mit
vertundelter Schrifft oben herumb / vnden COS. IIII. Alſo ſind
dieſer Müntzen noch mehrerley mit mancherley Bildern vnnd
Schrifften die vertundelt ſind.

Der Keyſer Antoninus Pius hat M. Aurelium Antoninum
noch bei lebzeiten adoptiert / finden ſich deſſen etlich Müntzen da=
runder / die erſt iſt geſchlagen da er noch jung geweſen ohne Bart
16. Jar zuuor eh er Auguſtus worden mit dieſer Schrifft vmb ſein
Bildnus.

XIIII.
ANTONINVS
PIVS.

XV.
M. AVREL.
ANTONINVS.

1. AVRELIVS CAESAR AVG. PII. F. COS II. das ist Augusti Pij filius consul. 2. & c.

HILARITAS mit SC. auff der andern seiten / nach dem Tobt Antonini Pij hat er das Keyserthumb eingenommen / vnd sich Augustum genent / dessen kundtschafft geben folgende Müntzen deren zehen sind.

2. Auff dem andern steht vmb des Keysers Bild M. ANTONINVS AVG. TR. P. XXIIII. SALVTI AVG. COS. III. mit SC. auff der andern seiten.

3. Auff der britten steht auff der ersten seiten IMP. M. ANTONINVS AVG TR. P. XXV. VOTA —— vnd vnden COS. III auff der andern seiten.

4. Auff der vierten auff der ersten seiten. M. ANTONINVS AVG. TR. P. XXVI. IMP. VI. COS. III auff der andern seiten.

5. Auff der fünfften steht auff der Ersten seiten M. AVRELIVS ANTONINVS AVG. TR. P. XXVII.
IMP. VIIII. COS. III. PP. auff der andern seiten.

6. Die sechst ist deren gleichförmig im namen / allein steht zuletst TRP. XXVIII. vnd FELICITAS IMP. X. COS. III. PP. auff der andern seiten.

Auff der sibenden steht
M. AVREL ANTONINVS AVG. ARM. PARTII. MAX.

Das ist Armeniacus Parthicus Maximus.

Dann er die Armenier vnnd Parthen vberwunden / auff der andern seiten steht.

TR POT XX. IMP. IIII. COS. III. vmb ein geflügelt Bild / so in der Hand ein Täfelin mit diesen Buchstaben.

VIC.
PAR. Das ist Vicit Parthos.

XVI.
L. AVRELIVS
VERVS.
Neben vnd mit diesem Keyser hat auch Regiert L. Aurelius Verus, das also das Keyserthumb jetz angefangen zwen Keyser zu haben / vnd ist dessen ein Müntz vorhanden / der vorigen gantz gleich / groß schön vnd außtruckenlich mit diser schrifft vmb d.s Keysers Bildtnus.

LAVRELIVS VERVS ARMENIACVS vnd TR P. IIII. IMP. II. COS. mit SC. vmb ein geflügelt Bild so ein Täfelin inn der Hand mit diesen Buchstaben.

VIC.
AVG. Das ist Vicit Augustus oder Victoria Augusti.

Faustina ist Antonini Pij Tochter deren ein Müntz vorhanden /
als sie noch jung vnd ohn verheurat gewesen gar schön von gestalt /
mit dieser Schrifft vmb ir Bildnuß.

1. FAVSTINA AVG. ANTONINI AVG. PII. FI. id est filia.

VENERI — — — oder Venerantia auff der andern seiten mit SG.

Hernacher ist sie Marco Antonino vermehlet worden / ein wun=
derlich Weib / des Regiments begirig vnd mit Tugenden gezieret /
wie die alt Königin in Franckreich Catharina Medices. Ist allzeit
mit im Krieg gewesen vnd Mater Exercituum genant worden /
wie jehne Regina Mater / sind deren auff 16. Müntzen vorhanden /
etlich haben.

2. FAVSTINA AVGVSTA auff einer seiten — NO. mit SC. auff
der andern.

Die andere haben vmb jhr Bildnus.

3. DIVA FAVSTINA auff einer seiten vnd AVGVSTA auff der
andern mit SC.

4. Die dritte gattung hat alles auff einer seiten vmb ihr Bildnuß.

5. DIVA FAVSTINA AVGVSTA oder DIVA AVGVSTA FAVS-
TINA. ——— TAS AVG auff der andern mit SC. als wann es
were Libertas oder Hilaritas Augustæ, oder dergleichen wort.

Auff der vierten gattung steht.

6. DIVA FAVSTINA auff der ersten seiten / vnd TR. POT. XIII.
AVGVSTA mit SC. auff der andern seiten / als wann sie auch
Tribunitiam Potestatem verwaltet hette / ist ein Mannlich dapffer
Weib gewesen.

Lucilla ist ein Tochter M. Aurelij Antonini / vnnd dem vor=
gehenden Keyser E. Aurelio Vero / so neben Antonino regiert /
vermehlet worden / es finden sich deren auff drey Müntzen.

Auff einer steht auff der ersten seiten.

1. LVCILLA AVGVSTA vnd VENVS GENETRIX a ff der an=
dern seiten / vmb ein sitzendes Venus Bild herumb / vnd vnden
darunder SC. die andern zwo seind verturckelt / aber so viel darauß
zu bringen / als

2. LVCILLAE AVG. M. ANT —— das ist Marci Antonini
Augusti Filiæ.

XIX.
COMMODVS.

COMMODVS der Keyſer ein Sohn M. Aurelij Antonini vnd Fauſtinæ / finden ſich deſſen auff fünff Müntzen.

Eine da er noch gar jung geweſen / wie die geſtalt außweiſet eh er Auguſtus genent worden / darauff ſteht

1. Auff der erſten ſ iten vmb ſein Bildnuß.

COMMODO CAES AVG. FIL. —— SPES PVBLICA mit SC. auff der andern ſeiten.

2. Auff andern zwoen ſteht auff einer ſeiten. LAVREL. COMMODVS AVG —— vnd LIBERTAS AVGVSTI COS. PP. auff der andern ſeiten / vnnd iſt dieſe Müntz geſchlagen / als er zum erſten mahl Conſul vnnd zum Auguſto neben ſeinem Vatter angenommen worden.

Die dritte ſind geſchlagen als er Barbatus geweſen / vnd etwas älterer.

Darauff ſteht auff einer ſeiten.

M. COMMODVS P. FELIX AVG —— dann er jhme ſelber vil Namen geben als Pius Felix Augustus Maximus &c. etwa Lucium / etwa Marcum ſich genent / dann Aelium dann Aurelium, vnnd iſt ein wunder Bestia geweſen dem Neroni vnd Caligulæ gantz gleich.

Criſpina iſt Commobi Ehegemahlin e. finden ſich deren zwo Müntzen.

XX.
CRISPINA.

Auff der einen ſeiten vmb ihr Bildnuß.

CRISPINA AVGVSTA vnnd dann CONCORDIA mit SC. auff der andern ſeiten vmb ein auff einem Seſſel ſitzend Bild.

XXI.
Anonyma.

Vber oberzehlte Müntzen ſeind noch etliche ſo ſehr vertunckelt vnd nit zuerkennen ſeind / allein ben vorgehenden an der gröſſe vnnd

geſtalt gleich von Ertz das mehrertheil / darauß abzunemmen / das
ſie zu der zeit der Regierung obgeſetzter Keyſer gehören.

Folgender Keyſer Mültzen aber die ſind all in kleiner geſtalt /
vnd Kupfferin / finden ſich doch innerhalb 70. oder 80. Jaren keiner
Keyſer Müntzen mehr / außgenommen die zwey folgende ſtücklein /
das Silberin vnd Guldin.

Auff dem Silbern ſtücklin ſteht auff der einen ſeiten / vnder
etlichen hinder einander lauffenden Roſſen.

FAB. L. F. das iſt Fabius Lucij filius vnd PROCOS EX.
S. C. auff der andern ſeiten vmb ſein Bildnus. Es iſt aber Lucius
Fabius / dieſes Fabij Vatter / Conſul geweſen vnter dem Keyſer
Septimo pertinaci vmb das Jahr der Statt Rom 955. nach Chriſti
geburt 200. daher auch ſein Sohn dieſer Fabius vmb dieſe zeit
proconſul ober Gallien vnnd Germanien geweſen ſein muß / dieweil
noch die zween Buchſtaben S. C. darauff ſtehen / da folgende
Müntzen alle deren beraubt ſeind.

Das Güldin ſtücklein iſt ſehr ſchön / ſteht auff der einen ſeiten
vnter des Keyſers Bild.

XXII.
FABIVS.

XXIII.
PHILIPPVS.

AVGVS das iſt Augustus, vnd
PHILIPPVS auff der andern ſeiten hinder einem Reutter / dann
Philippus heiſt ein Reuter oder Liebhaber der Pferdt / vnder dem
Reuter ſtehn dieſe Buchſtaben.

A. Q. V. A. Dieſer Keyſer Philippus ſol auch den Chriſtlichen
Namen angenommen vnd bekannt haben.

Die kupfferin ſtücklein die folgen nun einander nach auff das
kürtzeſt.

GALLIENVS AVG. auff einer ſeiten. DIANAE CON —— ——
auff der andern vmb ein ſchön Wild / oder wilde Geiß / dann Diana
iſt eine Göttin des Wildes.

XXIV.
GALLIENVS.

2. Auff einer andern Müntz Gallieni (dann deren zwo ſeind) ſteht
auff der andern Seiten vmb ein Menſchlich Bild. VBEDITAS AVG.
vielleicht Vbertas.

XXV.
CLAVDIVS.

1. Des Keysers Claudij seind auff 8 müntzen / darauff steht auff einer seiten.

IMP. C. CLAVDIVS AVG.

SPES PVBLICA auff der andern seiten.

2. Auff der andern Müntz auff der andern seiten.
SPES EXVLTAT.

3. Auff der dritten auff der andern Seiten.
FELICITAS AVG.

4. Auff der vierdten vmb ein bild Martis steht.
MARS VLTOR.

5. Auff einer steht auff der ersten seiten.
—— CLAVDIO.

SE CRVTIO auff der andern seiten auff einem Bild wie ein Galg.

Aus dieses Claudij Bruders Tochter Claudia Constantia ist geboren vnnd herkommen Constantius des Constantini Magni Vater.

XXVI.
TETRICVS.

Auff einem kleinen Stücklein stehet.

IMP. TETRICVS AVG.

Dieser Tetricus hat in Gallien das Imperium gehabt vnd Augustus genannt worden / aber sich hernacher dem Keyser Aureliano vnterworffen / der jhn auch im triumph zu Rom eingeführt.

XXVII.
AVRELIVS.

IMP. AVRELIVS auff der ersten seiten / SPES PVBLICA auff der andern.

XXVIII.
CONSTAN-
TIVS.

Ein schönes stück vnter diesen letzten das gröste mit einem dicken vollkommenen angesicht / darumb stehet.

CONSTANTIVS NOB. CAES. das ist Nobilissimus Cæsar, Dieser Constantius ist auch sonst Chlorus genannt / Constantini Magni Vatter / aus einem fürnemen vn edlen Römischen Keyserlichen geschlecht des Claudij / deßhalben Nobilissimus Cæsar genannt / sind jm die Occidentalische Römische prouintzen vber geben worden / als Gallien mit Britannien / darinnen er dann sein gantz leben zugebracht vnnd zu Eborach in Schottland gestorben sein sol.

Auff der andern seiten stehn nachfolgende Characteres vmb ein menschlich bild so ein wage in der rechten hand helt / als

SHC RHM ONE THVCCE. + CAES. NOST.

Vnterm bild steht ein T.

Solchen Spruch vnd symbolum kan ich anders nit lesen vnd erkennen als für einen Teutschen spruch.

Such rhum one thut / das ist Gloria absq; fraude / wie dan solcher Keyser sehr tugentreich gewesen / vnd solchs auch zuuerstehen geben wollen mit dem bild der waag / Dieweil er sich dan alle zeit hieaussen im Land erhalten / wirb er auch die Teutsche Sprach gelernet haben / vnd diesen Teutschen Spruch führen wollen / welchs dann für ein sonder Antiquitet zumercken / daß man vmb diese zeit auch in Gallien vnnd vmb den gantzen Occident herumm Teutsch geredt haben wirdt. Dan je diese Frantzösische Sprach in Franckreich aus der Lateinischen erst hernacher entstanden / als die Gothen vnd Wenden die Römische Prouintzen eingenommen / vnd sich die volcker vnter einand vermischt / die Teutsche Francken in Franckreich gesetzt / das alt Römisch reich zu grund gangen / vnd auch mit zugleich die alt Lateinische sprach in Italien / vnd also newe sprachen auffkommen / in Italien / Gallien / vnd Hispanien mit dem Latein vermischt vnd corrumpirt. Das vbrig nach dem Teutschen spruch heist Cæsarum nostrorum.

Teutsche sprach.

Frantzösisch sprach.

Lateinische sprach.

IMP. LICINIVS PF. AVG. auff einer seiten.

1. CENIO POP. ROM. auff der andern / Das ist Seniores populi Romani vmb ein gekröntes bild so ein Cornucopiæ in der lincken Hand / vnd neben zu zween Buchstaben vnd T F vnd vnten ATR.

2. Auff einer andern stehet auff der ersten seiten. IMP. LICINIVS. P. AVG. vnd SOLI INVICTO COMITI auff der andern seiten / vmb ein gekröntes bild so ein kugel in der lincken hand helt.

Zu beyden Seiten stehet S F Vnten MLM CONSTANTINVS AVG. auff einer seiten. MARTI ROM. FRV. vnten PTR auff der andern Sciten vmb ein Bild Martis.

1. Diese Müntz halt ich von Constantino geschlagen sein als er nach dem Tod seines Vatters Galliam eingenommen / eh er Magnus genannt worden / Nach dem er aber den Maxentium vberwunden / vnnd Italiam von seiner Tyranney erledigt / hat er den namen Magnum bekommen / seind dessen noch zwo müntzen vorhanden.

2. Das erst ein gar schönes stücklein darauff steht vmb des Keysers bild auff der ersten seiten.

XXIX. LICINIVS.

XXX. CONSTANTINVS.

8

IMP. CONSTANTINVS MAX. AVG. vnd
VICTORIAE LAETAE PRINC. PER P.

Auff der andern seiten vmb zween Engel gegen einander / die halten ein Täfelein darinnen diese Buchstaben stehn / Als

VOT
PR   Das ist Votum principis / dan wie die Historien melden /

ist jhm ein Engel mit dem Zeichen des Creutzes erschienen / vnd angezeigt daß er in diesem zeichen siegen werde / welcher Sieg dann vnnd Victoria wider Maxentium in obgesetzten Worten angedeutet / als

Victoriæ lætæ princeps perpetuus vel perpetuo, Vnten stehen drey Buchstaben STR

Auff der dritten müntz Constantini steht. CONSTANTINVS AVG. auff einer seiten.

DN. CONSTANTINI MAX. AVG. auff der andern seiten.

VOT X damitten in einem ring vmcirkelt   en darunden.

Ist souiel als Votum Vicelimum Dn. Constantini Magni Augusti.

XXXI.
CRISPVS.
Ein schönes stücklein darauff steht.

IVL. CRISPVS NOB. C. auff einer seiten.

VOT. X. Das ist Votum decimum / damitten auff der andern seiten.

CAESARVM NOSTRORVM herumb PTR vnden darunder.

Dieser Julius Crispus Nobilissimus Cæsar / ist Constantini Magni Son auß seiner ersten Frawen Mineruina / welcher hernach durch list Faustinæ seiner andern Frawen vmbgebracht worden.

XXXII.
Auff einem stücklein ist doch sehr vertunckelt steht auf einer seiten.

CONSTANTINVS IVN. NOB. C. Das ist /
Constantinus Iunior nobilissimus Cæsar.

GLORIA EXERCITVS. Auff der andern seiten vmb zwey Bilder mit Sturmhüten / da das ein inn der rechten hand einen Sper helt / ban ander in der lincken / vnden stehen etlich Buchstaben vertunckelt.

Diser Constantinus ist Constantini Magni Sohn auß seiner andern Frawen Fausta geborn also genant / ehe er Augustus worden.

XXXIII.
CONSTAN-
TINVS.
Drey andere stücklein einander sehr gleich darunder das ein gar schön / sieht vmb die Bildnuß des Keysers.

CONSTANTINUS PF. AVG. Auff einer seiten.

SOLI INVICTO COMITI Auff der andern vmb e'n Bild / so ein Kugel in der lincken hand hat.

ATR. vnden / vnd

TF. zu beiden seiten des Bildes.

Ob nun dise Müntzen Constantini des Vatters seien ehe er Magnus genannt worden / oder Constantin des Sohns nach dem er Augustus worden / stell ich inn bedencken.

CONSTANTIVS PF. AVG. Auff einer seiten.

FELTEM PHE Auff der andern seiten vmb zwey Bilder / da eins das ander mit süssen vnter sich tritt un mit einem kolben schlecht.

Dieser Constantius ist Constantini Magni anderer Son ex Fausta / der dritte ist Constans dessen kein Müntz verhanden.

Ein Stücklein des Keysers Valentiniani mit dieser Schrifft vmb des Keysers Bildtnis.

DN. VALENTINIANVS PF. AVG. auff der ersten seiten.

GLORIA ROMANORVM. auff der andern seiten.

Vmb ein Bild so ein anders Weibsbild mit der rechten hand bei den Haaren auffziehet.

OFH neben zu des Bildes.

AVCN vnten darunter.

Etlich stücklein auff zehen Valentis obermelten Keysers Bruder / vnd stehet vmb sein Bildnis.

DN. VALENS PF. AVG. auff der ersten seiten.

GLORIA ROMANORVM auff der andern / vmb ein gleichförmiges Bild wie auff der andern seiten der Müntz Valentiniani.

Auch neben zu etliche Buchstaben vnd vnten drunder.

2. Auff einer andern Müntz dieses Keisers auff der andern Seiten vmb ein ander Bild stehet.

SECVRITAS REIPVBLICAE.

Auch etliche Buchstaben neben zu des Bildes und etliche darunder.

XXXVII.
THEODO-
SIVS.

Ein silber in ſtücklin in des Keyſers Theodoſij mit dieſer ſchrifft vmb ſein bildnis.

XXXVII.
THEODO-
SIVS.

DN. THEODOSIVS PF. AVG. auff der erſten ſeiten.

VIRTVS ROMANORVM auff der andern ſeiten.

TRPS vnten drunder vmb ein ſitzendes Bild mit einem ſturmhut ſo da in der lincken Hand ein Creutz helt auff einem Stab.

2. Ein anderes küpfferin ſtücklein Theodoſij mit gleicher Schrifft vmb des Keyſers Bildnis / auff der andern ſeiten ſtehet der Keyſer gantz geſtifelt / mit der rechten hand ein ſitzendes weibsbild auffhebend / in der lincken hand eine Kugel haltende / darauff ein kleines Bildlin mit Flügeln ſo mit der rechten hand dem Keyſer ein Cronen auff das haupt ſetzen thut / mit dieſer ſchrifft herum.

PRAEPARATIO REIPVBLICAE Infra PSISC.

XXXVIII.
ARCADIVS.

Ein kleines küpferin ſtücklein eines pfennigs groß / darauff ſtehet vmb des Keyſers Bildnis.

DN. ARCADIVS AVG. Dieſer iſt Theodoſij Son vnd des Keyſers Honorij Bruder / hat mit ſeinem Vater vnd Bruder regiert.

CPSIA information can be obtained
at www.ICGtesting.com
Printed in the USA
BVOW06s1501190917
495318BV00015B/226/P